Produktivität und Empfänglichkeit

Grundzüge eines freien Geisteslebens

Karl-Martin Dietz

Menon Verlag Heidelberg

Aus der Arbeit des Zentrums für Gegenwartsfragen am Friedrich von Hardenberg Institut für Kulturwissenschaften, Heidelberg.

Der Text dieses Heftes geht zurück auf einen Vortrag am 13. Oktober 1995 in Frankfurt/Main.

ISBN 3-921132-08-8

Hauptstraße 59, 69117 Heidelberg,
Telefon 06221 - 2 13 50, Fax 2 16 40.

Sich der Grundidee des freien Geisteslebens zu vergewissern, ist der erste und wichtigste Schritt zur Lösung gegenwärtiger Probleme.

Das "freie Geistesleben" scheint in eine Krise zu geraten. Fragen nach Führung, Kommunikation und Zusammenarbeit treten in den Vordergrund und lenken von den eigentlichen Zielsetzungen ab. Der Geist ist tot - es lebe die Verwaltung! Oder meint "freies Geistesleben": jeder kann machen, was er will? Diese Einschätzung wird vielfach gelebt und sogar ausgesprochen, wenn es darum geht, vermeintliche "Freiräume" zu verteidigen. Die "Freiheit" des Geisteslebens beschränkt sich dann auf eine Nichteinmischung von außen. Daß es auch störende Einmischung von "innen" geben kann, bleibt außer Betracht. Und die Hauptsache fehlt völlig: Wie wird der so geschaffene Freiraum ausgefüllt? Nicht selten wird sogar kurzerhand der Ständestaat ausgerufen: die Lehrer gehören zum Geistesleben, der Vorstand des Trägervereins steht für das Rechtliche, die Eltern gelten vor allem als Wirtschaftsfaktoren. Begleitet von solchen mehr oder weniger bewußt gelebten Ansichten geht die eigentliche Mission des freien Geisteslebens, die geistige Produktivität, verloren. Was kann getan werden?

Es ist die Art des neuzeitlichen Denkens, das die soziale Krise heraufbeschworen hat. Nur durch eine Verwandlung dieses Denkens kann sie gelöst werden.

Der Ursprung der sozialen Krise im Geistesleben

Rudolf Steiner hat dem freien Geisteslebens eine große Bedeutung zugemessen. Er hat ihr den ganzen ersten Teil seiner "Kernpunkte der sozialen Frage" (1919) gewidmet. Während der Marxismus das Geistesleben als "Überbau" ansieht und das liberale Bürgertum es mit "Bildung" verwechselt, stellt er eine recht radikale These auf und begründet sie: Durch den Zustand des Geisteslebens wurden die sozialen Krisen heraufbeschworen - und nur durch eine Erneuerung des Geisteslebens können sie überwunden werden.

Was ist damit gemeint? Rudolf Steiner stellt die damaligen (1919) sozialen Krisen zunächst in einen bewußtseinsgeschichtlichen Zusammenhang hinein. Dieser wird in seinem Buch nur in Grundzügen behandelt. Man könnte ihn etwas anschaulicher etwa folgendermaßen beschreiben: In früheren Zeiten (ägyptisch-chaldäische Kulturepoche) waren Geistesleben, Rechtsleben und Wirtschaftsleben noch in einer Hand. Es herrschte "Theokratie". Der göttlich inspirierte Herrscher wußte am besten, was zu tun war, und tat es auch auf allen Lebensgebieten. Zu Beginn der griechisch-römischen Kulturepoche finden wir demgegenüber eine symptomatische Differenzierung. Der griechische Epen-Dichter Hesiod (ca. 700 v. Chr.)

spricht von den "Musen" als denjenigen Gottheiten, die die Menschen inspirieren. Ohne die Musen gäbe es kein Wissen. Die Musen inspirieren bei Hesiod vor allem die "Dichter" und die "Könige". Damit ist signalisiert, daß sich jetzt das Geistesleben ("Dichter") unabhängig von dem Rechts- und Wirtschaftsleben ("Könige") entwickeln wird. Die "Dichter" sind diejenigen, die über die Weltentwicklung Auskunft geben, die sich in den Verhältnissen der Götter auskennen (Hesiod's "Theogonie"), die aber auch die grundlegenden Einsichten in die Arbeitswelt des Menschen und seine Lebenssituation vermitteln (Hesiods "Werke und Tage", eine Art "landwirtschaftlicher Kurs"). Bald nach Hesiod entstehen Philosophie, Drama und Lyrik als Leistungen eines eigenständig gewordenen Geisteslebens. - Den "Königen" obliegen vor allem Staatsführung, Krieg und Rechtsprechung. Alles Wirtschaftliche ist damit unlösbar verbunden. Wer die politische Leitung hat, verfügt auch über die wirtschaftlichen Ressourcen - und umgekehrt. - Die Exponenten beider Lebensgebiete, die "Sänger" und die "Könige", bedürfen gleichermaßen der Inspiration.

In der damit dokumentierten Differenzierung zwischen Geistesleben und Rechtsleben sah dreihundert Jahre später Platon bekanntlich eine große Gefahr. Er forderte, daß nur diejenigen die höchste Macht im Staat haben dürften, denen auch die höchste Einsicht zukommt. Nur "Philosophen" sollten Herrscher sein ("Philosophen-Könige"). Dieses Ziel war, wie schon Platon zu Lebzeiten erfahren mußte, nicht zu verwirklichen. - Andererseits unterscheidet Platon als erster die drei Bereiche Geistesleben, Rechtsleben und Wirtschaftsleben ganz grundsätzlich. Er kann sie allerdings nur "ständisch" denken: Jeder

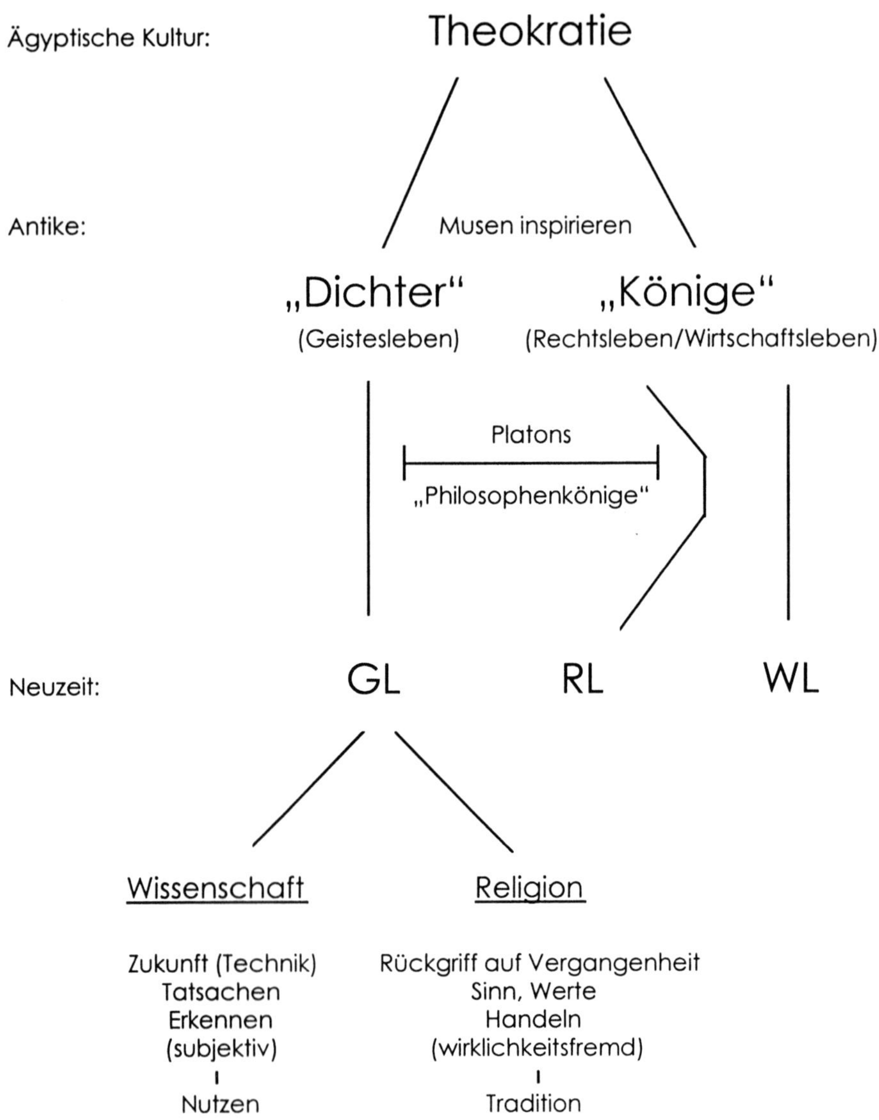
Ägyptische Kultur:
Theokratie
Antike:
Musen inspirieren
„Dichter“
(Geistesleben)
„Könige“
(Rechtsleben/Wirtschaftsleben)
Platons
„Philosophenkönige“
Neuzeit:
GL
RL
WL
Wissenschaft
Religion
Zukunft (Technik)
Tatsachen
Erkennen
(subjektiv)
Nutzen
Rückgriff auf Vergangenheit
Sinn, Werte
Handeln
(wirklichkeitsfremd)
Tradition

Mensch gehört einem dieser Bereiche an, und die jeweiligen Gruppen haben bestimmte, genau abgestufte Rechte und Pflichten. (Die Dreigliederungsidee Rudolf Steiners unterscheidet sich von dieser Vorstellung erheblich: Jeder Mensch gehört allen drei Bereichen an; die "Dreigliederung" ist funktional).

In der Neuzeit traten dann auch Rechtsleben und Wirtschaftsleben auseinander. Zur Idee der "Demokratie" gehört es, daß jeder Mensch, unabhängig von seinen wirtschaftlichen Verhältnissen, an der Gestaltung der Gesellschaft beteiligt ist. Die Praxis zeigte jedoch bald, daß dem Wirtschaftsleben eine Vormachtstellung zukam. Es beeinflußte das Rechtsleben und das Geistesleben bis in jene extremen Formen hinein, die wir aus der zweiten Hälfte unseres Jahrhunderts kennen. Infolge der wachsenden Vorherrschaft des Wirtschaftslebens über das Geistesleben spaltet sich das Geistesleben schon seit Beginn der Neuzeit in zwei Bereiche, die man als "naturwissenschaftliches Denken" einerseits und "Religion, Tradition" andererseits bezeichnen könnte. Die Naturwissenschaft und die aus ihr hervorgehende Technik sorgen für den "Fortschritt" der Zivilisation. Die Religion bindet menschliches Bewußtsein an vergangene Ereignisse. Die Naturwissenschaft kümmert sich um Tatsachen, um die sogenannte "Wirklichkeit". Die religiöse Tradition ist verantwortlich für Sinn und Wert. Sie beeinflußt Lebensgefühl und Handeln (Ethik). Aus dem "wissenschaftlichen" Denken wird bewußt alles herausgehalten, was mit Leben, Sinn und Menschenwürde zusammenhängt. Für Max Weber (Wissenschaft als Beruf, 1918) ist dies die höchste Tugend des Wissenschaftlers. Ludwig Wittgenstein (Tractatus logicophilosophicus, 1918) formuliert die Konsequenz aus dieser Haltung so:

> "Selbst wenn alle möglichen wissenschaftlichen Fragen beantwortet sind, (sind) unsere Lebensprobleme noch gar nicht berührt."

Wittgenstein zieht den Schnitt denkbar hart: Selbst wenn *alle möglichen* wissenschaftlichen Fragen beantwortet *sind*, sind die Lebensprobleme noch nicht *berührt*: die beiden Bereiche schließen sich vollständig aus! Er charakterisiert damit eine Tatsache, die wenige Monate später Rudolf Steiner zum Ausgangspunkt seiner Idee vom "Freien Geistesleben" nimmt. Es gibt eine religiös-traditionelle Kultur, die mit den Realitäten des Lebens nicht mehr viel zu tun hat. Rudolf Steiner zögert nicht, sie als "Schwarmgeisterei" zu bezeichnen. Und auf der anderen Seite gibt es eine wissenschaftsorientierte Kultur, die immer mehr den Zusammenhang mit dem Menschen verliert. Dies hatte schon der fünfundzwanzigjährige Steiner mit drastischen Worten beschrieben: "So haben wir eine Wissenschaft, nach der niemand sucht, und ein wissenschaftliches Bedürfnis, das von niemandem befriedigt wird." (Grundlinien einer Erkenntnistheorie der Goetheschen Weltanschauung, 1886). Die damit charakterisierte Bewußtseinsentwicklung der Neuzeit, die zu einer gespaltenen Kultur führt, ist schon für sich genommen interessant genug. In ihr treten retardierende und beschleunigende Elemente auseinander und wirken doch gemeinsam. Rudolf Steiner stellt nun fest, daß dadurch die sozialen Konflikte um die Jahrhundertwende hervorgerufen wurden. Denn im Hinblick auf die Bewältigung dieser Spaltung gibt es einen großen Unterschied zwischen den "Proletariern" und den "führenden Klassen". Die "führenden Klassen", die die Wissenschafts-Kultur ausgebildet haben, bleiben in den Fragen des Menschenwertes dem anderen Bereich, der Religion und Tradition, verhaftet. Sie empfinden keinen Mangel, wenn sie wissenschaftsorientiert vorgehen, denn sie beziehen ihren Lebenssinn aus anderer Quelle. Sie empfinden in der Regel kein Problem damit, daß zwischen den beiden Seiten ihrer Lebensorientierung ein unüberbrückbarer Abgrund klafft. Anders die "Proletarier". Sie sind schon seit Lasalle und Marx auf der Seite des "wissenschaftlichen" Bewußtsein angesiedelt, und zwar mit ihrer *ganzen* Existenz. Sie haben sich von Religion und Tradition weitgehend losgesagt und erleben diese wie von außen als illusionär, aber einflußreich: als Ideologie. Darin gibt ihnen Rudolf Steiner unumwunden Recht. Ein Problem entsteht jedoch dadurch, daß von seiten der proletarischen Strömung *jedwedes* Geistesleben mit Ideologie identifiziert wird. Damit ist keine Möglichkeit mehr gegeben, die eigentlichen Quellen der gesellschaftlichen Problematik aufzusuchen und diese selbst zu beheben. Wird sie nicht aus dem Geistesleben heraus begriffen, bleibt sie unlösbar.

Werden die Aufgaben und Möglichkeiten des freien Geisteslebens nicht rasch ergriffen, so sind die Folgen dieses Versäumnisses um so katastrophaler, je länger sich die Verhältnisse unverwandelt hinziehen.

Geistesleben und die Zukunft der Zivilisation

Aus dieser gesamtkulturellen Beobachtung ergibt sich die von Rudolf Steiner geltend gemachte Bedeutung des Geisteslebens für den Fortgang der Zivilisation. Es bleibt die Frage, ob solches für heute, 80 Jahre später, auch noch gilt. - Man kann entdecken, daß die damals beobachteten Zusammenhänge heute eher noch aktueller geworden sind, und zwar unter zwei Aspekten:

Was damals nur die "Proletarier" betraf, gilt heute für fast alle Menschen. Heute haben sich die meisten Menschen in den hochzivilisierten Ländern von den religiösen Traditionen losgesagt oder haben ihre Beziehungen zu ihnen gelockert. Immer mehr Menschen versuchen, mit einem rein "wissenschaftlichen" Bewußtsein bei ihrer Lebensführung auszukommen. Und immer mehr Menschen empfinden dabei Sinnleere und erleiden ein existentielles Vakuum, aus dem sich viele der beunruhigendsten Zivilisationserscheinungen nähren: die Zunahme depressiver und neurotischer Erkrankungen, des Alkohol- und Drogenkonsums, des Selbstmords oder der Gewalt. Auch die zunehmend beobachtete soziale Angepaßtheit und die Abhängigkeit von der Bewußtseinsindustrie (Medien, Tourismus) gehören hierher. Die Sinnkrise, ehemals in erster

Linie von der Arbeiterbevölkerung empfunden, hat inzwischen auch die anderen Bevölkerungsgruppen ergriffen. Die daraus entspringende Problematik ist, für alle sichtbar und inzwischen von vielen beschrieben, lebensbedrohlich für das menschliche Dasein geworden. Und auch die Flucht in Ersatzreligionen, vom Konsumrausch bis zur "Esoterik", macht nicht glücklich, solange die im 20. Jahrhundert kulminierende Spaltung des Geisteslebens nicht überwunden wird.

Ein zweiter Gesichtspunkt für die gegenwärtige Verschärfung des Problems: Die Art des wissenschaftlichen Denkens führt nicht nur *seelische* Krisen herbei, sondern setzt außerdem die Existenz der *natürlichen* Welt aufs Spiel. Immer mehr Menschen erkennen, daß die Luftverschmutzung letzten Endes nicht durch Katalysatoren und Filter zu bewältigen ist, sondern nur durch eine Veränderung des wissenschaftlichen Denkens selbst. Die Bedeutung der naturwissenschaftlichen Denkart für die Entstehung der ökologischen Krise wird heute auch von anderen gesehen.[1]

Ethik, Lebenswert, Menschenwürde und Zukunftsentwicklung müssen wieder in das wissenschaftliche Erkennen im engeren Sinne integriert werden. Es geht dabei nicht um eine Rückkehr zu einheitlichen Bewußtseinsformen, wie sie vergangenen theokratischen Zeitaltern eigen waren, sondern um neue, individuell zu entwickelnde Fähigkeiten, die der inzwischen errungenen individuellen Frei-

---

1 Z. B. Vittorio Hösle, Philosophie der ökologischen Krise, München 1991; Klaus-Michael Meyer-Abich, Geschichte der Natur, in praktischer Absicht, in: E. Rudolf, E. Störe (Hrsg.), Geschichtsbewußtsein und Rationalität, Stuttgart 1982. - Demnächst ist zu diesem Thema auch eine Studie von Martin Rozumek zu erwarten.

heit Rechnung tragen. Wir befinden uns heute am Beginn eines Bewußtseinswandels größten Ausmaßes, dessen Ergebnisse noch nicht absehbar sind. Werden die Aufgaben und Möglichkeiten des freien Geisteslebens nicht rasch ergriffen, so sind die Folgen dieses Versäumnisses um so katastrophaler, je länger sich die Verhältnisse unverwandelt hinziehen. -

Der bewußtseinsgeschichtliche Hintergrund, der Rudolf Steiners Deutung der sozialen Krise zugrunde liegt, wird in den "Kernpunkten" nur skizziert. Er findet sich ausführlicher (meist ohne Rückgriff auf die Idee des freien Geisteslebens) an zahlreichen anderen Stellen seines Werkes. In den "Anthroposophischen Leitsätzen" (GA 26, S. 246ff) z. B. wird darauf hingewiesen, wie es ein bewußtes Verhältnis des Menschen heute nur noch zur Natur als zu einer irdisch-manifest gewordenen Geistigkeit ("Werkwelt") gibt, jedoch nicht mehr zum Geist selbst. Der Sieg des Nominalismus am Ende des Mittelalters hat bewirkt, daß in der Neuzeit jegliches Denken als selbstbezogen und subjektiv gilt und nicht als Brücke zur Wirklichkeit. Natürlich ist dann eine unmittelbare Erkenntnis der Geistwelt ausgeschlossen. Alles Geistige kann nur durch Rückgriff auf frühere Zeiten und durch deren Vermittlung zugänglich gemacht werden (Tradition, Glaube).

Wir haben also heute nebeneinander und sich widersprechend einen Nominalismus, der sich im naturwissenschaftlichen Denken fortsetzt, und andererseits den Glauben an geistige Ereignisse, der zu einer Rückwendung in die Tradition führt mit dem Versuch, sich Lebenssinn und Lebenskraft aus früheren Zeiten zu holen. Eine Konfusion dieser beiden auseinanderstrebenden Tendenzen prägt die gegenwärtige Kultur.

In einem erneuerten Geistesleben wird ein unmittelbares Verhältnis zum Geist wieder möglich. Das geschieht dadurch, daß die innere Freiheit im Menschen erweckt wird. Tragendes Element einer zukünftigen Kultur ist daher die Individualität jedes einzelnen Menschen.

Ohne mich
keine Vergangenheit,
keine Zukunft.

Christian Morgenstern,
Werke und Briefe, Bd. I, S. 577,
Stuttgart 1988.

Kein "freies Geistesleben"
ohne "freien Geist"!

Die Individualität

Das Grundanliegen des "freien Geisteslebens", wie es 1919 beschrieben wird, knüpft unmittelbar an den "freien Geist" an, einen zentralen Begriff der "Philosophie der Freiheit" (1894). In der Tat hat Rudolf Steiner die "Kernpunkte" als Ergänzung seiner "Philosophie der Freiheit" angesehen[2]. "Freies Geistesleben" also als Zusammenleben von "freien Geistern"? Was meint "freier Geist"?

Das Wesentliche steht im IX. Kapitel der "Philosophie der Freiheit". Der freie Geist ist zugleich Wesen und Entwicklungsziel jedes einzelnen Menschen. "Jeder von uns ist berufen zum freien Geist". Aber niemand findet sich als freien Geist einfach vor. "Ein freies Wesen kann er nur selbst aus sich machen." Der freie Geist verwirklicht sich durch geistige Produktivität ("Intuition", "Phantasie"). Damit befreit er sich zugleich von Vorschriften (von aussen), Traditionen (von gestern) und Subjektivismen (aus der eigenen Egoität). Eine solche Produktivität anzustreben, bedeutet in erster Linie Arbeit des einzelnen an sich selbst. Dem entspricht im Zusammenleben mit anderen, daß es dabei auf "individuelle Beobachtung" ankommt. D. h. mich interessiert an dem anderen Menschen nicht in erster Linie das Fertige, z. B. seine natürliche Beschaffenheit (Alter, Geschlecht, Hautfarbe usw.), nicht seine Gruppenzugehörigkeit (Sozialist, Ausländer, Student), nicht sein Temperament oder Wissensstand. Mich interes-

---

2 Vortrag am 17.3.20, GA 334, 1983, S. 105.

siert nicht, was in Schemata oder Statistiken paßt oder was Vergleiche ermöglicht. Alles scheinbar Individuelle wäre dann doch nur eine Summe allgemeiner Merkmale: patchwork-Identität. "Individuelle Beobachtung" heißt vielmehr, sich an das Produktive im anderen Menschen zu wenden, an das Werdende und nicht an das Gewordene.

"Individuelle Beobachtung" in dem hier gemeinten Sinne praktisch zu üben, kann zum Beispiel heißen: Wenn ich einem Menschen begegne, frage ich nach den Motiven seines Handelns. Ich mache mir das Situative seines Verhaltens bewußt und scheide es vom Prinzipiellen. Ich beziehe seinen Erfahrungshorizont ein und frage mich dann nach dem Innovativen, Originellen oder Einzigartigen seiner Ideen. Ich vermeide es bewußt, Typologien anzuwenden (Persönlichkeitsstrukturen, soziale Gruppierungen usw.). Und ich frage mich nach dem Beitrag meines eigenen Selbst beim Verstehen des anderen, nach meinen Vorlieben oder Vorurteilen, ideologischen Horizonten, Theorienetzen und Erfahrungssockeln. Ich nehme beim anderen nicht nur wahr, was er sagt und tut, sondern auch seine Initiative. Ich richte den Blick auf die *Kraft* seines Denkens, nicht nur auf dessen Inhalt. - So kann sich jeder Übungsschritte vornehmen, um von den gewohnten schematischen Beurteilungen wegzukommen und die Fähigkeit der "individuellen Beobachtung" auszubilden.

Im gleichen Zusammenhang der "Philosophie der Freiheit" wird dargelegt, wie an die Stelle des Handelns aus Normen ein Handeln aus "Liebe" treten kann und wie die Verträglichkeit der Individualitäten durch das Gewahrwerden der "einigen Ideenwelt" gewährleistet ist. Dies alles sind zentrale innere Bedingungen eines freien Geisteslebens, die sich schon in der "Philosophie der Freiheit" mit hinreichender Deutlichkeit beschrieben finden. Sie werden an anderer Stelle ausführlich erläutert.[3]

Für die Zukunft eines freien Geisteslebens hängt alles davon ab, ob die für diese Grundbedingungen notwendige Intuitionsfähigkeit utopisch ist oder nicht. Eines ist sicher: Ist sie dies, dann sollte man alles Reden vom "freien Geistesleben" sofort einstellen, Direktorialverfassungen und Aufsichtsorgane einführen und kundenorientiert vorgehen. Das Vorbild der renommierten angelsächsischen Privatschulen sollte dann nicht länger verschmäht werden. Sicher ist auch, daß freies Geistesleben als Zusammenwirken "freier Individualitäten" nicht stattfinden kann, solange der einzelne darauf besteht, sich einfach so darzuleben, wie er gerade ist. Man könnte also sagen: Es bleibt gar nichts anderes übrig, als sich auf den Weg zum "freien Geist" zu machen, wenn man dasjenige retten will, was einem als die Idee vom freien Geistesleben liebgeworden ist.[4] Und es gibt gute Beispiele dafür, daß ein Zusammenwirken auf dieser Basis möglich ist; denn es gibt Wege, wie man dazu kommt, dies zu lernen (das 1996 erscheinende Buch des Verfassers "Gemeinschaft durch Freiheit. Perspektiven für die Zukunft des Geisteslebens" hat zum Ziel, dies näher zu zeigen).

---

3 Karl-Martin Dietz, Gemeinschaft durch Freiheit. Perspektiven für die Zukunft des Geisteslebens, Stuttgart 1996.

4 Der Zusammenhang des individuellen Geistes mit der Gemeinschaftsbildung wird auch betont bei Stefan Leber, Die Sozialgestalt der Waldorfschule, aktualisierte Neuausgabe, Stuttgart 1991, S. 245.

Geistige Produktivität und freie Empfänglichkeit sind Wesensmerkmale des freien Geisteslebens

Produktivität und Empfänglichkeit

Der Polarität von Intuition und individueller Beobachtung in der "Philosophie der Freiheit" entspricht in den "Kernpunkten" die Polarität von "Produktivität" und "freier Empfänglichkeit". Beide Seiten bedingen sich: Produktivität kann nur stattfinden, wenn es Interesse an ihr gibt. Und Interesse kann es nur geben, wenn man mit Produktivität rechnen kann. Beide zusammen machen das Wesensmerkmal des freien Geisteslebens aus. Alles andere ist ihnen untergeordnet. Drohen Themen wie Gruppenverhalten, Informationspolitik oder Mitbestimmungsfragen zum Hauptproblem zu werden, ist das Wesentliche schon aus dem Blick geraten.

Es ist nicht schwer, sich selbst zu prüfen, wie weit man sich zur Verwirklichung des freien Geistes aufzuschwingen vermag. Man kann sich zum Beispiel folgende Fragen stellen:

- Habe ich bei allem Einzelnen, das ich tue, einen Sinn für das Ganze?

- Habe ich nicht nur Wachheit und Überblick, sondern trage ich auch Verantwortung für das Ganze mit? Oder dient meine Tätigkeit im Rahmen einer Organisation des freien Geisteslebens eigentlich nur der Selbstverwirklichung?

- Wird Autonomie mit Eigenwilligkeit verwechselt (Ich *darf* jetzt etwas tun, ohne andere zu fragen)? Oder wird die Freiheit als Aufgabe und Anforderung gesehen, letztlich als Aufforderung an sich selbst zur eigenen Weiterentwicklung?

- Mache ich das, was ich mache, *ganz*? Oder habe ich ein Jobbewußtsein: beschränkte Tätigkeit, beschränkte Zeit, beschränkter Aufgabenbereich, beschränkte Verantwortung?

Dazu, etwas "ganz" zu machen, gehört gewiß auch, es gar nicht zu machen, wenn man es - aus welchen Gründen auch immer - nicht leisten kann. Und es gehört dazu, daß ich die Verantwortung für das, was ich tue, vor mir selbst übernehme, nicht vor einer Behörde, vor Vorgesetzten etc. Indem ich mich vor mir selbst verantworten will, muß ich das auch können, es muß die Instanz in mir da sein, vor der ich mich verantworten kann.

Angesichts solcher Fragen wird rasch deutlich:

> Freies Geistesleben beruht letzen Endes auf
> Können, nicht auf Dürfen.

Hier wird nachvollziehbar, warum Rudolf Steiner vom Geistesleben als dem "individuellen Fähigkeitswesen" des Menschen spricht, und warum er manchmal recht unvermittelt hervorhebt, daß wirkliche Lebenspraxis nur durch das freie Geistesleben und dessen Auswirkungen in die anderen Lebensbereiche möglich ist.

Freies Geistesleben:
die Geburtsstätte des
tätigen Verstandes

Der freie als der tätige Geist

Wie eine Art Zusammenfassung für das Anliegen des freien Geisteslebens hat Rudolf Steiner formuliert, im 20. Jahrhundert müsse der "tätige Verstand" geboren werden, und das freie Geistesleben sei seine Geburtsstätte. "Jetzt muß die Menschen ergreifen ein inneres kraftvolles Schaffen von Ideen, durch die sich jeder ein Bild seines eigenen Wesens macht und sich dieses vorsetzt als dasjenige, dem er nachstrebt. Selbsterkenntnis im weitesten Umfange des Wortes muß die Menschen ergreifen; aber nicht eine Selbsterkenntnis, in der man nur brütet über dasjenige, was man gestern gegessen hat, sondern eine Selbsterkenntnis, die es bringt bis zu einem Betätigen des eigenen Wesens. Und diese Selbsterkenntnis wird von der Entwicklung des Menschen, der eben zur Geburt des tätigen Verstandes aufsteigen muß, klar gefordert."[7] Wesentliches Moment dieses "tätigen Verstandes" ist also der Weg von der Selbsterkenntnis zur Selbstverwandlung.

Mit dem Ausdruck "tätiger Verstand" knüpft Rudolf Steiner an ein aristotelisches Begriffspaar an, den wirkenden Geist (nus poietikos) und den aufnehmenden Geist (nus pathetikos). Beide wirken zusammen. Ohne den tätigen Verstand geschieht kein Denk- und Erkenntnisakt; ohne

---

7 Rudolf Steiner am 21.3.1920, GA 198, 1984, S. 29. Siehe hierzu auch Karl-Martin Dietz, Geistige Produktivität und Freiheit, in: Konturen, Band 6, Heidelberg 1995, S. 11ff.

den aufnehmenden Verstand wird nichts bewußt. Wir haben hier also eine ähnliche Polarität wie zwischen "Produktivität" und "freier Empfänglichkeit", Intuition und individueller Beobachtung. Es ist die Aktivierung des Geistes, die das unmittelbare Verhältnis der menschlichen Individualität zum Geiste bewirken kann und damit zugleich die "Schwarmgeisterei" einerseits und den Tatsachenfanatismus andererseits überwindet. Dabei wird etwas vollzogen, was man aus theoretischer Außenansicht kaum einsehen kann: die *individuelle* Aktivierung des tätigen Verstandes ist zugleich der wesentliche Faktor des *sozialen* Lebens. In ein Exemplar seines Buches "Die soziale Grundforderung" hat Rudolf Steiner als Widmung für Edith Maryon geschrieben:

> "Den wirkenden Geist an die Stelle des
> gedachten setzen, heißt in unserer Zeit,
> die soziale Grundforderung empfinden."

Hier ist der Zusammenhang von geistiger Aktivität und sozialem Leben auf eine knappe Formel gebracht.

Durch das Verhältnis des individuellen freien Geistes zum anderen entsteht Gemeinschaft von selbst. Diese ist dann "freies Geistesleben". Es bedarf keiner zusätzlichen strukturellen oder gruppendynamischen Maßnahmen.

Gemeinschaft im freien Geistesleben

Gemeinschaftsbildung und Zusammenarbeit in Einrichtungen des freien Geisteslebens werden heute oft als Problem erlebt. Nimmt man aber die Grundidee des freien Geisteslebens ernst, so zeigt sich, daß es sich hier gar nicht um eine separat anzugehende Frage handelt. Durch das Verhältnis des individuellen freien Geistes zum anderen entsteht Gemeinschaft von selbst. Diese ist dann "freies Geistesleben". Es bedarf keiner zusätzlichen strukturellen oder gruppendynamischen Maßnahmen. Solcher bedarf es nur, insoweit freies Geistesleben noch nicht realisiert ist.

Gemeinschaftsfähigkeit ist ein wesentliches Merkmal des freien Geisteslebens. "Geistesleben im irdischen Sinne ist alles das, was uns in irgendeiner Weise über den einzelmenschlichen Egoismus hinaushebt und mit Gruppen von anderen Menschen zusammenführt".[6] Wie dieses Zusammenleben gestaltet werden kann, hat Rudolf Steiner im IX. Kapitel der "Philosophie der Freiheit" beschrieben, indem er dort, wie erwähnt, von der selbstverständlichen Verträglichkeit der freien Geister und von der "Einigkeit

6 Rudolf Steiner am 11.2.1919, GA 193, 1972, S. 47.

der Ideenwelt" spricht, die all den einzelnen Gedanken und Ansichten letzten Endes zugrundeliegt. Diese Anregungen sind, den Willen zur Verwirklichung vorausgesetzt, außerordentlich lebenspraktisch.

Natürlich kann man sich hilfsweise "Techniken" aneignen, die hier förderlich sind, z. B.: Ich achte darauf, immer aufgabenorientiert und nicht selbstzentriert oder gruppenorientiert vorzugehen. Es gibt ja einen Grund dafür, daß ich mit anderen Menschen zusammenarbeite. Wir wollen etwas gemeinsam erreichen. Was ist das? Diesem gemeinsamen Ziel ordnet sich dann leicht alles persönliche Meinen unter. - Auch gibt es Fehler in der sozialen Technik, die man nicht ungestraft machen darf, z. B. im Bereich der Kommunikation und der gegenseitigen Information, bei der Vertrauensbildung und der Delegation von Aufgaben an einzelne. Auf eigene und fremde Erfahrung ist in dieser Hinsicht ausgiebig zurückzugreifen. Der Versuch, sich aus einem traditionsorientierten Geistesleben zu befreien, kann nicht bedeuten, daß jeder einzelne oder jede Gruppe jeden erdenklichen Fehler auf eigene Hand ausprobiert. Zum Geistesleben gehört vielmehr, daß man voneinander lernt. Die Vergangenheit ist nicht handlungsleitend - aber die Zukunft hängt auch nicht in der Luft. Sie kann nur wirklich Zukunft sein, wenn sie auf sorgfältig erarbeiteter Lebenserfahrung aufruht.

Wenn Formen der Zusammenarbeit beschrieben werden, so ergeben sie sich aus den individuellen Taten - nicht umgekehrt. Die individuellen Taten haben, wenn sie aus "freiem Geist" entspringen, das Ganze mit im Blick. Darüberhinaus Strukturdebatten zu führen, ist letzten Endes sinnlos. Diese treffen nicht die Wirklichkeit des Geisteslebens. Und auch die Prinzipien der Organisationsentwicklung sind nur sehr bedingt auf Einrichtungen des freien Geisteslebens anzuwenden. Das hat schon ein Pionier der Organisationsentwicklung, B. C. J. Lievegoed, geltend gemacht: Einrichtungen des freien Geisteslebens behalten *immer* wesentliche Merkmale dessen bei, was in anderen Unternehmungen als "Pionierphase" beschrieben wird.[7] - Es gibt eine fruchtbare Frage, die man sich vorlegen kann, wenn man sich nach dem tatsächlichen Zusammenhang von Individualität und Gemeinschaft fragt: Wenn ich an das Kollegium denke, dem ich angehöre - denke ich dieses Kollegium dann *ohne* mich oder schließe ich mich mit ein? - Wenn ich mein Kollegium *ohne* mich zu denken geneigt bin ("die anderen"), dürfte dies ein Alarmzeichen sein, und man sollte schleunigst diesen Zustand beraten. - Unzufriedenheit mit "den anderen" ist oftmals auch darauf zurückzuführen, daß man in der "Gemeinschaft" die Erfüllung des "Persönlichen" sucht und dann nicht findet. Diese Erwartung ist vermutlich von vornherein utopisch. Für Zusammenarbeit im Geistesleben aber gilt ganz gewiß anderes. Gemeinschaft entsteht hier durch die Individualitäten, diese können also nie "in der Gruppe aufgehen". Läßt die individuelle Aktivität nach, dann schwindet auch die Gemeinschaft. In der Unkenntnis dieser Gesetzmäßigkeit liegt der Anlaß für zahllose Enttäuschungen.

Das Gemeinschaftliche einer Einrichtung des freien Geisteslebens besteht nicht in freiheitlich festgelegten "Verkehrsregeln" und auch nicht darin, einem mehr oder weni-

---

7 Bernard C. J. Lievegoed, Soziale Gestaltung am Beispiel heilpädagogischer Einrichtungen, Frankfurt 1990.

ger frei gewählten Gesinnungskollektiv anzugehören. Die Freiheit des freien Geisteslebens besteht in der geistigen Produktivität aller Mitwirkenden. Sie ist eine *aktive* Freiheit jedes einzelnen.

Geistige Produktivität und freie Empfänglichkeit, die Quellen eines freien Geisteslebens, muß sich der Mensch nicht mühsam als etwas ihm Wesensfremdes antrainieren. Sie sind in ihm veranlagt. Notwendig ist lediglich der Wille zur Selbsterziehung. Im freien Geist ist nicht nur das Denken, sondern sind auch Gefühl und Wille verwandelt. Eine selbstverständliche Folge dieser Verwandlung ist eine auf Zusammenarbeit beruhende Gemeinschaftsbildung, die ebenso produktiv wie seelisch tragfähig ist. Vertrauen und Liebe - unerläßlich für jede Zusammenarbeit - kann man nicht fordern oder beschwören. Sie stellen sich ein als Folgen einer intuitionsorientierten geistigen Produktivität und ihres Gegenpols, der freien Empfänglichkeit.

Frei sein heißt: in Handlungen sich ausleben,
die man liebt.

Rudolf Steiner,
Vortrag am 29.8.1922,
GA 305 (1979), S.227.

Anhang

Rudolf Steiner zu Wesen und Bedeutung des freien Geisteslebens.

Die nachfolgenden Zitate sind nicht als inhaltliche Behauptungen zu verstehen - dafür müßten sie in ihrem Zusammenhang gelesen werden. Sie dienen hier als Anregungen zum Selbstdenken, als "Incitamente" im Sinne des Novalis.

Lebenspraxis kann nicht bloß die Rechnung machen mit äußeren Einrichtungen; sie muß in die Rechnung einstellen, *was der Mensch ist und werden kann.*

Rudolf Steiner, Arbeitsfähigkeit, Arbeitswille und dreigliedriger sozialer Organismus,
in: Dreigliederung des sozialen Organismus, I/8, August 1919,
GA 24 (1982), S. 52.

Die Dreigliederungsidee ist nicht ein Progamm für das Ganze des sozialen Organismus, das fordert, daß das ganze Alte aufhöre und alle Dinge neu "eingerichtet" werden. Diese Idee kann von der Bildung sozialer Einzeleinrichtungen ihren Ausgang nehmen. Die Umbildung eines Ganzen wird dann durch das sich verbreitende Leben der einzelnen sozialen Gebilde erfolgen. Weil diese Idee in einer solchen Richtung wirken kann, ist sie keine Utopie, sondern eine der Wirklichkeit angemessene Kraft.

Rudolf Steiner, Dreigliederung und soziales Vertrauen (Kapital und Kredit),
in: Soziale Zukunft, 4. Heft, Januar 1920, GA 24 (1982), S. 262.

Nach schaffenden Gedanken dürstet das Leben der Zeit; der Durst wird nicht verschwinden, wenn das gedankenlose Sich-Gebärden der Gedankenfeinde auch noch so laut für seine Betäubung sorgen möchte.

Rudolf Steiner, Der Durst der Zeit nach Gedanken,
in: Dreigliederung des sozialen Organismus, I/25, Dezember 1920, GA 24 (1982), S. 120.

Die geistige Schöpfung muß im ganzen Umkreis des menschlichen Lebens drinnenstehen, wenn sie nicht in Gefahr geraten soll, Zivilisationsluxus zu werden.

Rudolf Steiner, Vorwort zu einer Verlagsankündigung, Dezember 1920, GA 24 (1982), S. 469.

Das Geistesleben aber kann man nicht in seinem inneren Wesen kultivieren dadurch, daß man Gesetze gibt über Lehrfreiheit, über freie Wissenschaft und freie Lehre. Gesetze haben auf das Geistesleben gar keinen Einfluß, denn das Geistesleben ruht auf den elementaren menschlichen Begabungen.

Rudolf Steiner am 22.4.1919, GA 330/31 (1963), S. 31.

Man muß durchschauen in der Gegenwart: erstens den mangelnden Sinn für die geistige Produktivität. Zweitens, das mangelnde Interesse für den Bedarf der Andern.

Rudolf Steiner, Aufzeichnungen zum Schulungskurs für Redner, 12.2.1921, GA 338 (1986), S. 269.

Entweder der Geist wird begriffen oder das Chaos bleibt.

Rudolf Steiner am 29.9.1917, GA 177 (1985), S. 22.

Das verlangt Geisteswissenschaft nicht . . ., daß man in der Fabrik zu arbeiten hat und, wenn man die Türe hinter sich zuschließt, dann heraustritt aus der Fabrik, um da das Geistesleben zu finden. Nein, das Umgekehrte verlangt Geisteswissenschaft, daß, wenn man sie aufschließt, die Fabrik, um zur Arbeit zu gehen, man den Geist hineintrage, damit jede Maschine durchgeistigt ist von dem, was auch die Weltanschauung in die höchsten Höhen des Erkennens, des Unsterblichen hinaufträgt.

Rudolf Steiner am 5.1.1920, GA 334 (1983), S. 30f.

Ich möchte also, daß das, was das geistige Leben umfaßt, von denen verwaltet wird, die noch drinnenstehen, die dieses geistige Leben aufbauen. Also es kommt darauf an, daß die ganze Struktur der Verwaltung aufgebaut ist auf dem Gefüge eines Geisteslebens selbst.

Rudolf Steiner am 19.3.1920, GA 334 (1983), S. 162.

Es kommt darauf an, daß der Geist wirkt, nicht daß man vom Geiste redet.

Meinetwillen rede man gar nicht von Geist, aber in der Art und Weise, wie man über Lebenspraxis redet, sei Geist.

Rudolf Steiner am 14.8.1920, GA 199 (1967), S. 78.

Rudolf Steiner am 10.2.1919, GA 328 (1977), S. 55.

Aus der Arbeit des Hardenberg Instituts zur "Philosophie der Freiheit"

- Rudolf Steiners "Philosophie der Freiheit" - eine Menschenkunde des höheren Selbst
  mit Beiträgen von Martin Basfeld, Karl-Martin Dietz, Wolf-Ulrich Klünker, Thomas Kracht, Christoph Lindenberg, Dietrich Rapp, Günter Röschert, Frank Teichmann, Stuttgart 1994.

- Vom Rätsel des Ich - zu Rudolf Steiners "Philosophie der Freiheit"
  mit Beiträgen von Karl-Martin Dietz, Thomas Kracht, Rudy Vandercruysse, Die Drei, Beiheft 7, Stuttgart 1994.

- Erfahrung des Denkens,
  der erste von drei Bänden zum Studium der "Philosophie der Freiheit"
  mit Beiträgen von Karl-Martin Dietz, Ruprecht Fried, Wolfgang Kilthau, Wolf-Ulrich Klünker, Thomas Kracht, Dietrich Rapp, Martin Rozumek, Frank Teichmann, Rudy Vandercruysse und Heinz Zimmermann, Stuttgart 1996.

Alle: Verlag Freies Geistesleben.

1996 erscheint:

Karl-Martin Dietz

Gemeinschaft durch Freiheit

Perspektiven für die Zukunft des Geisteslebens

Inhalt:

1996

Edition Hardenberg
Verlag Freies Geistesleben
Stuttgart